Gifttiere
Ein Crashkurs über Gifttiere und Tiergifte

Wolfgang Dibiasi

ISBN-10: 1541032594
ISBN-13: 978-1541032590

Inhalt

ZUM AUTOR

Wolfgang Dibiasi wurde am 20. Februar 1990 in Bozen geboren und hat Biologie an der Universität in Innsbruck studiert. Seit seiner frühen Kindheit interessiert er sich für Schlangen, Spinnen und andere toxikologisch wichtige Tiere. Heute beschäftigt er sich hauptsächlich mit der Fotografie und der Biologie solcher Tiere, interessiert sich aber auch für ausgewählte Teilbereiche aus der allgemeinen Biologie und aus verschiedenen anderen Wissenschaften wie beispielsweise der Astronomie und der Kosmologie, der Physik und der Philosophie.

.

Einleitung

Vielen Dank für den Kauf dieses Buches. Es freut mich, dass Sie sich für Gifttiere und deren Toxine interessieren. Gift ist im Tierreich eine weit verbreitete Erfindung, die im Laufe der Evolution immer wieder neu entstanden ist. Etwa 10% aller Tierarten sind giftig. Bereits vor 500 Millionen Jahren existierten die ersten Gifttiere (Szaniawski 2009). Giftige Arten finden wir heute innerhalb der folgenden Gruppen: Reptilien (Vertreter der Toxicofera), Amphibien, Säugetiere, Vögel, Gliederfüßer (hauptsächlich Spinnen, Skorpione, Hautflügler, Fliegen, Mücken, Wanzen und Bremsen, Scolopender, aber auch Milben, Weberknechte, viele Käfer usw.), Nesseltiere, Weichtiere (Coleoiden und diverse Schnecken) und Stachelhäuter (Seeigel, Seesterne, Seegurken) (Junghanss und Bodio 2006). Weitere Tiergruppen, welche giftige Arten beinhalten: Plattwürmer, Fadenwürmer, Ringelwürmer, Pfeilwürmer, Nemertinen usw. (von Reumont, Bjoern Marcus et al. 2014).

Gesundheitlich sind solche Tiere für den Menschen in vielerlei Hinsicht relevant. Einerseits stellen einige Arten in bestimmten Regionen der Welt ein ernst zunehmendes gesundheitliches Problem dar, andererseits können die zahlreichen pharmakologisch aktiven Substanzen, welche in verschiedenen Tiergiften enthalten sind, für den Menschen sehr nützlich sein, da man sie als Medikament in der Behandlung verschiedener Krankheiten wie beispielsweise Herzinfarkt, Alzheimer, Multiple Sklerose, Krebs usw. einsetzen kann.

Der folgende Text soll Ihnen einen allgemeinen Einblick in die Diversität von giftigen Tieren und deren Toxinen verschaffen. Ich habe bewusst auf lange Texte verzichtet und nur das Wichtigste miteinbezogen. Nachdem Sie das vorliegende Werk gelesen haben, werden Sie sich mit Gifttieren besser auskennen, als der Durchschnitt und können anschließend Ihr Wissen weitergeben oder durch das Lesen weiterer Bücher bereichern.

Ich empfehle das Buch allen, die sich mit Gifttieren befassen wollen oder bereits befassen. Insbesondere empfehle ich es für Zoofachleute, welche des Öfteren Führungen halten und für zukünftige, private Gifttierhalter, welche einen allgemeinen Überblick über den toxikologisch relevanten Teil unserer Fauna haben sollten.

Ein kleiner Einblick in die Diversität von Giften

Ein Gift ist per Definition eine Mischung verschiedener Stoffe, welche physiologische Vorgänge und Signalwege im Körper eines lebenden Organismus beeinflussen oder strukturelle Schäden an Zellen, Organen und Geweben verursachen und dadurch ein breites Spektrum an Wirkungen aufweisen, wobei die Wirkung von der relativen Dosis abhängig ist. Einzelne Toxine können synergistisch wirken, wodurch die Gesamtwirkung des Giftes verstärkt wird (Kordiš und Gubenšek 2000). Im Allgemeinen wird ein Organismus durch die Wirkung eines Giftes entweder vorübergehend oder dauerhaft beeinträchtigt oder aber das Gift führt zum Tod des betroffenen Organismus. Gifte lassen sich auf verschiedene Art und Weise charakterisieren und einteilen. Tierische Gifte bestehen unter anderem aus Proteinen und Peptiden, Amiden, Alkaloiden, Terpenen und so weiter. Eine Einteilung nach der chemischen Struktur wäre für einen Chemiker sinnvoll. Für den Laien hingegen sollte man Gifte eher nach ihrer Wirkung einteilen. Die verschiedenen Wirkungsweisen von Giften sind extrem vielfältig. Dennoch lässt sich aber ein gewisses Muster erkennen, das sich hinsichtlich der Wirkung von Giften quer durch das gesamte Tierreich zieht. Verschiedene Gifte richten sich oftmals gegen dieselben molekularen beziehungsweise zellulären Strukturen in verschiedenen Zielorganismen. Eine Vergiftung kann sich in vielerlei Symptomen äußern. Je nach Zusammensetzung und Wirkung kann es zu lokalen oder systemischen Reaktionen kommen. Eine lokale Reaktion tritt nur an der Körperstelle auf, wo man mit dem Gift in Kontakt gekommen ist. Beispiele für lokale

Reaktionen wären lokale Rötungen der Haut, die Bildung von Blasen und Quaddeln, Ausschläge, Nekrosen oder Schwellungen. Systemische Reaktionen betreffen hingegen den gesamten Körper und gelten als gefährlicher. Beispiele: Geschwollene Lymphknoten, Schwäche, Abgeschlagenheit, Sehstörungen, Schwindel, Muskelkrämpfe, Muskelschmerzen, Kopfschmerzen, Bauchschmerzen, Übelkeit und Erbrechen, Durchfall, Koordinationsschwierigkeiten, Fieber und Schüttelfrost, Hämolyse und Störungen der Hämostase (Wong, Emily S W und Belov 2012). Im Entfernteren unterscheidet man diesbezüglich auch noch zwischen autopharmakologischen, kardialen, renalen, muskulären und neurologischen Gifteffekten (Erkens und Boecken 2004). In dieser Hinsicht kann man Gifte auch noch in Neurotoxine (Nervengifte), Hämotoxine (Blutgifte) und Zytotoxine (Zellgifte) sowie sogenannte Spreading-Faktoren einteilen. Weiters kann man zwischen kardiotoxisch (herzschädigend), hepatotoxisch (leberschädigend), nephrotoxisch (nierenschädigend), myotoxisch (Toxine, welche die Muskulatur angreifen) usw. unterscheiden.

Generell kann man drei primäre Arten der Giftwirkung unterscheiden, die zu den oben genannten Effekten führen: 1. Gifte, welche strukturelle Schäden an Zellen und deren molekularen Kompartimenten anrichten und so zur Beeinträchtigung des Organismus führen. Beispiele wären verschiedene Phospholipasen A_2, welche die Membranen von Zellen angreifen, wodurch diese absterben. 2. Komponenten, welche körpereigene Signalkomponenten imitieren und so wirken, als würden die imitierten Signalkomponenten überexprimiert werden. Peptidasen S_1 etwa führen zur vermehrten Freisetzung von Kinin, wodurch eine Entzündungsreaktion zustande kommt.

Weitere Beispiele wären Komponenten, welche eine Transmitterfreisetzung verursachen. 3. Komponenten, welche körpereigene Signalkomponenten inhibieren, wodurch der Signalweg blockiert wird. Ein Beispiel hierfür wäre das Gift Vn50 einer parasitären Wespenart (Costesia rubecula), welches Reaktionen des Immunsystems im Opfer der Wespe blockiert, damit die Larve der Wespe den Wirt parasitieren kann, ohne dass eine Immunreaktion eingeleitet wird (Fry et al. 2009a). Der Begriff „giftig" kann aber auch als relativ angesehen werden. So können die meisten Stoffe erst ab einer gewissen Menge toxisch wirken, während sie in geringen Mengen keinerlei Symptome verursachen. Unser Körper benötigt bestimmte Elemente, wie beispielsweise Kupfer, Mangan und Zink in geringen Mengen. In hohen Mengen können diese Spurenelemente allerdings toxisch wirken. Kalium ist ein Element, das in unseren Zellen vorhanden ist und unter anderem an bioelektrischen Übertragungsprozessen beteiligt ist. Es ist aber auch im Gift von einigen Tieren wie z.B. Skorpionen enthalten und führt nach einer Injektion zu lokalen Schmerzen, wobei hier auch andere Stoffe beteiligt sind (Inceoglu et al. 2003). Ein ungefähres Maß für die Wirksamkeit eines Giftes ist der LD50-Wert. Der LD50-Wert wird im Tierversuch ermittelt und stellt die letale Dosis eines Stoffes dar, die bei 50% der Versuchstiere zum Tod führt. Angegeben wird er meist in Milligramm pro Kilogramm Körpergewicht (Bassus 2006). Auch wenn der LD50-Wert ein Maß für die Wirksamkeit eines Giftes ist, kann er dennoch nicht als Maß für dessen Gefährlichkeit gesehen werden. Die aufgenommene Menge an Gift ist weitaus wichtiger. Weitere Faktoren, die bei einer Vergiftung eine Rolle spielen: Die Art und der Ort der Aufnahme, der allgemeine gesundheitliche Zustand des Betroffenen und sein Körpergewicht. Im Falle einer parenteralen Aufnahme etwa durch einen Stich oder einen Biss ist auch die Tiefe der verursachten Wunde wichtig. Der LD50-Wert wird in der Regel an Mäusen festgestellt. Häufig reagieren Mäuse auf ein Gift jedoch anders, als ein Mensch.

Gifttiere - allgemeine Bemerkungen

Der Begriff "Gifttier" ist eine sehr allgemeine Bezeichnung, die oft auf Widersprüche stößt. Gifttiere müssen nicht immer für alle Organismen giftig sein, weil sich tierische Gifte oftmals nur gegen eine bestimmte Zielgruppe von Organismen richten. Zudem müssen sie nicht permanent in jeder Situation giftig sein. Beispielsweise können bestimmte Tiere nur während einem bestimmten Entwicklungsstadium oder zu einer bestimmten Jahreszeit giftig sein. In der Fachsprache bezeichnet man Gifttiere oftmals als "Toxikozoa". Darunter fallen alle Tiere, welche einen Giftapparat besitzen wie beispielsweise Schlangen, Spinnen, Skorpione, Skolopender, viele Insekten wie zum Beispiel Bienen, Wespen usw. Weiters bezeichnet man Tiere als Gifttiere, wenn sie ihre Gifte passiv im Körper anreichern, wie zum Beispiel Kugelfische, diverse Amphibien, viele Insekten, einige Schnecken, Stachelhäuter und Seescheiden. Diese Gifte werden entweder vom Tier produziert oder aus der Umwelt aufgenommen. Giftig sind zudem noch Cephalopoden, bestimmte Anneliden, Chaetognathen, einige Plathelminten, Nematoden, Nemertinen usw. Verschiedene Komponenten in den Sekreten von Blutsaugern wie Stechmücken, Wanzen und Blutegel greifen teilweise in dieselben Signalwege ein, wie es verschiedene andere Tiergifte wie zum Beispiel bestimmte Schlangengifte machen. Blutsaugende (hämatophage) Parasiten sollten daher ebenfalls als Gifttiere bezeichnet werden (Fry et al. 2009a).

Man unterscheidet zwischen aktiv und passiv giftigen Tieren. Ein passiv giftiges Tier reichert das Gift unwillkürlich in seinem Körper an oder gibt es nach außen ab. Diese Tiere können mit ihrem Gift nichts anfangen, es wird einfach produziert und ist dann im Gewebe des Tieres und oft auch auf seiner Oberfläche vorhanden. Ein aktiv giftiges Tier verfügt über einen speziellen Giftapparat, mit dem es sein Gift applizieren kann (Mebs 2010). Ein solcher Giftapparat kann entweder aus einem oder mehreren Stacheln, Giftzähnen, Nesselzellen, Sporen, Widerhaken, einem speziellen Rüssel, Dornen, Kneifzangen oder speziellen Hautdrüsen bestehen (Fry et al. 2009a). Solche Tiere entscheiden oftmals willkürlich ob und wie viel Gift sie wann und wie abgeben. Aktiv giftige Tiere sind sehr oft Raubtiere, welche ihr Gift zum Beuteerwerb und sekundär zur Verteidigung einsetzen.

Tiere können ihre Gifte entweder selbst biosynthetisch herstellen oder aber es mit der Nahrung aufnehmen und im Körper akkumulieren. Wenn Gifte biosynthetisch hergestellt werden, kann dies im Rahmen verschiedener Stoffwechselvorgänge geschehen oder aber es handelt sich um Proteine deren Bauplan auf der DNA gespeichert ist, die dann an den Ribosomen bei der Translation entstehen. Werden Gifte aus der Umwelt aufgenommen, sprechen wir von Sequestrierung. Die Gifte werden für gewöhnlich mit der Nahrung aufgenommen. Dabei kann es sein, dass ein Tier auf eine bestimmte Nahrungsquelle angewiesen ist, um seine Giftigkeit aufrechtzuerhalten. Ein als giftig definiertes Tier kann also ungiftig werden, wenn es keinen Zugang mehr zur Nahrungsquelle hat, aus der es sein Gift bezieht. Wildlebende Pfeilgiftfrösche der Gattung *Phyllobates* etwa besitzen Batrachotoxin in hohen Konzentrationen in ihrer Haut. In Gefangenschaft nimmt die Konzentration allerdings nach einigen Jahren ab. Wenn man sie in Gefangenschaft vermehrt, sind spätestens ihre Nachkommen der F1-Generation mehr oder weniger ungiftig (Daly et al. 1980). Untersuchungen ergaben, dass die Frösche das Batrachotoxin möglicherweise aus Käfern der Familie der Melyridae beziehen. Melyriden werden auch von Vögeln der Gattungen *Pitohui* und *Ifrita*, die ebenfalls Batrachotoxine beinhalten, als Giftquelle verwendet (Dumbacher et al. 2004).

Die wichtigsten Gifttiere

Im folgenden Abschnitt habe ich eine Auswahl verschiedener Gifttiere kurz beschrieben. Einige der unten genannten Arten können ernst zu nehmende und mitunter lebensbedrohliche Vergiftungen verursachen, stellen aber kaum eine Gefahr dar, wenn man sich ihnen gegenüber richtig verhält. Enthalten sind unter anderem die giftigste Schlange, die zwei giftigsten Spinnen usw. Die Frage nach dem giftigsten Tier der Welt ist im Übrigen nicht ohne Weiteres zu beantworten, da verschiedene Menschen auf die jeweiligen Gifte oftmals aufgrund unterschiedlicher körperlicher Konditionen unterschiedlich reagieren.

Enthalten ist zudem eine Auswahl weniger bekannter Gifttiere, die eben genau deswegen wieder interessant werden – weil sie kaum einer kennt. So haben Sie nicht nur einen Überblick über die wichtigsten Gifttiere, sondern auch über einige Gifttiere, die den meisten Leuten unbekannt sind.

Fische

Jährlich gibt es bis zu 50.000 Unfälle mit giftigen Fischen. Giftige Vertreter finden wir innerhalb der folgenden Gruppen: Siluriformes, Acanthomorpha, Batrachoidiformes, Scorpaeiformes, Perciformes (Smith, Wheeler, 2006). Fische können passiv oder aktiv giftig sein. Einige Arten nehmen das Gift mit der Nahrung auf. Viele Fische sind mit Stacheln, in denen sich Gift befindet, bestückt. Andere reichern das Gift in ihren Organen an. Giftzähne sind bei Fischen eher eine Ausnahme. Im Gewässer gelten für Menschen Steinfische (Habermehl, Krebs, 1986) und Skorpionfische als gefährlich. Wie die giftigen Skorpionfische (Scorpaenidae) sind auch die Steinfische (Synanceidae) vorwiegend in tropischen Regionen verbreitet (Fernandez et al. 2011). Synanceiden und Scorpaeniden besitzen Stacheln, welche Gift beinhalten. In den Stacheln befindet sich eine Drüse, welche das Gift produziert. Der Stachel ist von einer Membran umgeben, welche aufreißt, sobald der Stachel in das Gewebe eines Opfers eindringt. Dabei wird das Gift freigegeben (Darlene und Phee-Kheng 2013). Im Gift der Steinfische befinden sich neurotoxische und zytotoxische Proteine. Zudem fand man eine Hyaluronidase, als Spreading-Faktor (Khoo 2002). Stiche führen zu lokalen Rötungen und Schwellungen, sowie zu brennend-stechenden Schmerzen, welche sich auf die gesamte betroffene Extremität ausbreiten können. Zudem kann es zur Entstehung von Ödemen, zu Übelkeit und zu Atembeschwerden kommen. (Darlene und Phee-Kheng 2013).

Die Proteine, welche sich im Gift der Steinfische befinden, sind hitzeempfindlich. Offensichtlich lassen sich bei einer Vergiftung die Beschwerden bereits durch den Einsatz von warmem Wasser deutlich lindern (Darlene und Phee-Kheng 2013). Auch Kugelfische (Tetraodontidae) sind für ihre Giftigkeit bekannt. Die Tiere beinhalten das hochwirksame Tetrodotoxin, welches die Natriumkanäle der Neuronen blockiert und dadurch zu einer Lähmung der Muskulatur führt. Eine tetrodotoxische Vergiftung äußert sich in Lähmungserscheinungen und Atembeschwerden und kann im schlimmsten Fall tödlich durch Atemlähmung enden. Tetrodotoxin wird von Bakterien produziert und vom Fisch mit der Nahrung aufgenommen. In marinen Kugelfischen ist die Konzentration an Tetrodotoxin in der Leber und den Gonaden am höchsten, während sie bei Kugelfischen, die im Süßwasser leben, in der Haut am höchsten ist (Noguchi und Arakawa 2008). Trotz ihrer Giftigkeit werden Kugelfische auch gegessen. Dabei entfernt der Koch, welcher eine spezielle Ausbildung dafür benötigt, die giftigen Körperteile. Die ungiftigen Körperteile werden serviert. Einen Fehler bei der Zubereitung können der Genießer unter Umständen mit seinem Leben und der Koch auf jeden Fall mit seiner Karriere bezahlen.

Amphibien - Pfeilgiftfrösche

Die Gruppe der Amphibien beinhaltet über 6.300 Arten. Sie entwickelten sich vor etwa 400 Millionen Jahren aus Süßwasserfischen und besiedeln heute alle Kontinente der Welt, außer die Antarktis und Regionen im Hochgebirge, welche permanent mit Eis bedeckt sind. Die meisten Arten sind semiaquatisch. Marine Arten finden wir keine (Westheide und Rieger 2010).

Phyllobates terribilis, auch "schrecklicher Pfeilgiftfrosch" genannt, ist eine der giftigsten Amphibien der Welt. Er beinhaltet das hochwirksame Batrachotoxin, ein präsynaptisches Neurotoxin, welches die Freisetzung von Acetylcholin an den Synapsen durch Öffnen der Natriumkanäle bewirkt. Dadurch kommt es zu Krämpfen und anschließend zur Erschöpfung des Vorrates an Neurotransmittern, was zu Lähmungen führt. *Phyllobates terribilis* ist im nördlichen Südamerika verbreitet.

Abgesehen von den Pfeilgiftfröschen existieren auch noch giftige Salamander, wie etwa *Taricha torosa* und *Notophthalmus viridescens*, welche Tetrodotoxin beinhalten (Mebs 2010).

1: Erdbeerfröschchen (*Oophaga pumilio*). 2: *Dendrobates auratus*. 3: Schrecklicher Pfeilgiftfrosch (*Phyllobates terribilis*). 4: Aga-Kröte (*Bufo marinus*).

Reptilien - Echsen

Vorab möchte ich klären, dass der Begriff "Echsen" rein biologisch gesehen unpräzise ist. So werden beispielsweise Krokodile und Warane oftmals als "große Echsen" bezeichnet, wobei sie von der Verwandtschaft her nicht viel miteinander zu tun haben. Wir sprechen also genau genommen in diesem Kapitel nicht von Echsen, sondern von vierbeinigen Vertretern aus der Gruppe der Toxicofera, innerhalb der Reptilien.

Bis vor einiger Zeit dachte man, Krustenechsen (*Heloderma*) seien die einzigen giftigen Echsen. Die Echse besitzt im Unterkiefer ein parenchymartiges Gewebe, welches Gift beinhaltet. Die Ausführgänge der Giftdrüse münden an den vorderen Zähnen des Unterkiefers. Im Gift sind zahlreiche Proteine enthalten. Unter anderem eine Hyaluronidase, welche die Hyaluronsäure abbaut. Die Hyaluronsäure ist so etwas wie die Kittsubstanz der Zellen und sorgt für die Stabilität des Gewebes. Ein Protein mit dem Name Kallikrein verursacht die Ausschüttung von Brandykinin, welches blutdrucksenkend wirkt und zudem zur Entstehung starker Schmerzen führt. Aus dem Gift der Krustenechsen konnte man ein Medikament mit dem Namen Exenatid entwickeln, welches zur Freisetzung von Insulin führt und in der Behandlung von Diabetes eingesetzt werden kann. Krustenechsen sind in Nordamerika verbreitet (Mebs 2010). *Heloderma sp.* ist nicht aggressiv. Bisse werden meist von Menschen provoziert. Der Biss einer Krustenechse gilt als ausgesprochen schmerzhaft. Es kommt zu Schwellungen, lokalen Rötungen, eventuell auch zu Fieber und Erbrechen.

Der Komodowaran (*Varanus komodoensis*) gilt mit einer Länge von etwa 2 m und einem Gewicht von 100 bis 150 kg als das größte Gifttier der Welt. Lange Zeit wurde vermutet, dass die gebissenen Beutetiere aufgrund einer bakteriellen Infektion sterben. Ein Team von Wissenschaftlern fand 2009 jedoch heraus, dass der Komodowaran Gift zum Erlegen seiner Beute benutzt. Das Gift des Warans wirkt gerinnungshemmend und induziert einen schockartigen Zustand, wodurch das Beutetier zugrunde geht (Fry et al. 2009b). Der Komodowaran ist auf einer kleinen Inselgruppe in Indonesien verbreitet, von denen eine den Namen Komodo trägt.

Krustenechse (*Heloderma sp.*).

Reptilien - Schlangen

Schlangen sind für den Menschen die wohl wichtigsten und bekanntesten Gifttiere. Weltweit existieren etwa 3.000 Arten in den verschiedensten Lebensräumen. Jährlich sterben weltweit schätzungsweise zwischen 50.000 und 100.000 Menschen an einem Giftschlangenbiss (Chippaux 1998).

Taxonomisch teilen wir die Schlangen in zwei Großgruppen ein: Scolecophidia und Alethinophidia. Letztere unterteilt man nochmals in Henophidia und Caenophidia. Die Gruppe der Henophidia beinhaltet die bekannten Riesenschlangen, wie etwa die Anakonda (*Eunectes murinus*) oder die *Boa constrictor*. Die giftigen Vertreter finden wir in der Gruppe der Caenophidia, welche man in Atractaspididae, Colubridae, Elapidae und Viperidae unterteilt. Die Systematik der Schlangen steht noch nicht eindeutig fest. So gelten die Colubriden beispielsweise als ein para- oder sogar polyphyletisches Taxon. Vielfach werden ehemalige Unterfamilien der Colubridae als eigene Familien behandelt (diese wären: Homalopsidae, Lamprophiidae, Pareatidae und Xenodermatidae).

Genaugenommen produzieren mehr oder weniger alle Schlangen vereinzelt Toxine, wobei die meisten für den Menschen ungefährlich sind. Selbst bei vielen Riesen- und Wühlschlangen (Henophidia) konnte man die Produktion von toxischen Komponenten (3-Finger-Toxine) nachweisen (Fry et al. 2013). Es ist also zu erwarten, dass weitaus mehr Schlangen giftig sind, als ursprünglich gedacht.

Schlangen geben ihre Gifte über Giftzähne ab. Diese können solenoglyph, proteroglyph oder opistoglyph sein. Solenoglyphe Giftzähne sind stark vergrößert und innen hohl, wie eine Injektionsnadel. Sie befinden sich an den

Maxillen (Oberkieferknochen) und sind frei beweglich. Proteroglyphe Giftzähne befinden sich ebenfalls an der Maxille, sind jedoch nicht so stark vergrößert und beweglich wie solenoglyphe Giftzähne. Zudem sind sie nicht hohl, sondern besitzen eine geschlossene Furche, durch die das Gift injiziert wird. Opistoglyphe Giftzähne befinden sich im hinteren Bereich des Oberkiefers und besitzen ebenfalls eine Furche. Sie sind nur wenig vergrößert.

"Giftige Schwergewichte" aus der Welt der Schlangen sind die in Afrika verbreiteten Mambas (*Dendroaspis*), von denen es vier Arten gibt, wobei die Systematik von Arten und Unterarten noch diskutiert wird. Bei allen Arten handelt es sich um baumbewohnende Schlangen, wobei sie manchmal auch in Bodennähe anzutreffen sind. Die schwarze Mamba (*Dendroaspis polylepis*) ist die größte Art und auch die längste Giftschlange Afrikas. Mambas sind hochgiftig und extrem schnell. Ihre Gifte bestehen vorwiegend aus Neurotoxinen, darunter präsynaptisch wirkende Dendrotoxine, welche die spannungsabhängigen Kaliumkanälchen blockieren, was zu einer Depolarisation der Zellmembran führt (Katoh et al. 2000) und postsynaptisch wirkende muskarinische Toxine, welche die Rezeptoren für Acetylcholin blockieren. Weiters befinden sich im Gift Cholinesterasehemmer, welche das Enzym Acetylcholinesterase hemmen, wodurch Acetylcholin nicht abgebaut werden kann, nachdem es am Rezeptor gebunden hat. Fasciculin-1 sei als Beispiel für einen Cholinesterasehemmer aus dem Gift von *Dendroaspis angusticeps* genannt (le Du, M H et al. 1992). Der Biss einer Mamba führt zu Lähmungserscheinungen und bei ausbleibender Behandlung zum Tod durch Atemlähmung.

Bekannt für die hohe Toxizität ihrer Gifte sind auch die Seeschlangen, von denen es etwa 50 Arten gibt. Bisse von

Seeschlangen müssen als potenziell lebensbedrohlich eingeschätzt werden und können zu Rhabdomyolyse (Auflösen der quergestreiften Muskulatur) führen. Dadurch kann es zu einer Myoglobinurie und einer Hyperkaliämie kommen. Dies führt mitunter zu Nierenversagen und zum Herzstillstand. *Hydrophis cyanocinctus* und *Enhydrina schistosa* sind die beiden prominentesten Arten (Junghanss und Bodio 2006). Von besonderer Schönheit sind hingegen die Vertreter der Gattung *Laticauda*, die man auch als gebänderte Seekrait bezeichnet. Der Grund für die hohe Wirksamkeit der Seeschlangengifte liegt vermutlich in ihrer Lebensweise. Diese Schlangen leben im Wasser und ernähren sich von Fischen, die aufgrund ihrer Schnelligkeit rasch überwältigt werden müssen. Da Gifte im Wasser leicht ausgewaschen werden können, müssen sie auch in sehr geringen Mengen äußerst wirksam sein. Nennenswert ist die Art *Aipysurus edouxii*, welche ebenfalls zu den Seeschlangen gehört. Diese Art hat ihre Giftigkeit im Laufe der Evolution verloren, weil sie sich ausschließlich von Eiern ernährt, für die sie kein Gift benötigt (Li et al. 2005).

Den meisten Laien bekannt sind auch die Kobras. Es handelt sich hierbei um imposant wirkende, schöne Giftnattern, die bei Bedrohung ihren Hals abflachen, um dadurch größer auszusehen. Es gibt verschiedene Gattungen und Arten von Kobras. Hier möchte ich speziell auf die Gattung der "echten Kobras" (*Naja spp.)* eingehen. Alle Arten der Gattung Naja verfügen über hochwirksame postsynaptische Neurotoxine und einige auch über Zytotoxine. Der Biss einer Kobra muss als potentiell lebensbedrohlich eingeschätzt werden. Speikobragift kann in den Augen zur vorübergehenden oder dauerhaften Beeinträchtigung des Sehvermögens führen.

Der Inlandtaipan (*Oxyuranus microlepidotus*) lebt in

Zentralaustralien und gilt als die für den Menschen giftigste Schlange der Welt. Das Gift beinhaltet prä- und postsynaptische Neurotoxine, Myotoxine, sowie Hämotoxine, welche zur Beeinträchtigung der Blutgerinnung führen. Wenige Milligramm des Giftes reichen aus, um mehrere Menschen zu töten. Der Biss eines Taipans führt zur Verbrauchskoagulopathie und zu lebensbedrohlichen neurologischen Gifteffekten. Der Taipan ist sehr scheu und sucht generell das Weite, wenn er auf Menschen trifft.

1: Schwarze Mamba (*Dendroaspis polylepis*). 2: Jamesons Mamba (*Dendroaspis jamesoni*). 3: Grüne Mamba (*Dendroaspis viridis*). 4: Gewöhnliche Mamba (*Dendroaspis angusticeps*).

1: Innlandtaipan (*Oxyuranus microlepidotus*). 2: Monokelkobra (*Naja kaouthia*). 3: Todesotter (*Acanthophis hawkei*). 4: Texasklapperschlange (*Crotalus atrox*). 5: Lanzenotter (*Bothrops asper*).

Giftige Vögel

Wenn Sie an Gifttiere denken, kommen Ihnen vermutlich Schlangen, Spinnen und andere derartige Tiere in den Sinn. Es gibt jedoch eine ganze Reihe anderer Tiere, welche ebenfalls giftig sind. In fast jeder größeren Tiergruppe finden wir praktisch giftige Vertreter, so auch unter den Vögeln.

Giftige Vögel gehören wohl eher zu den Seltenheiten im Tierreich. Es sind einige wenige Arten bekannt, welche Gifte beinhalten und auch beim Menschen relevante Vergiftungen verursachen können.

Vögel der Gattung *Pitohui* zum Beispiel akkumulieren in ihrem Körper das hochwirksame Batrachotoxin. Batrachotoxin ist eines der wirksamsten Gifte der Natur, welche nicht zu den Proteinen zählen. Es öffnet die Kanäle für Kationen an den Nervenzellen, wodurch es zu einer Depolarisation der Zellmembran kommt (Bartram, Boland 2001). Auch in *Ifrita kowaldi* konnte man Batrachotoxin nachweisen (Dumbacher, Spande 2000). Im Federkleid von *Ergaticus ruber* konnte man unbekannte Alkaloide nachweisen, welche ebenfalls toxisch wirken (Bartram, Boland 2001; Mebs 2010). *Plecopterus gambensis* nimmt Käfer aus der Familie der Meloidae auf und akkumuliert das Cantharidin im Körper, wodurch der Vogel giftig wird. Im Kragenhuhn (*Bonasa umbellus*) kann sich das so genannte Andromedotoxin befinden, welches bei Menschen bereits zu tödlichen Vergiftungen geführt hat (Bartram, Boland 2001). In Europa gilt die Wachtel (*Coturnix coturnix*) als einziger Vogel, welcher gelegentlich Vergiftungen verursachen kann. Zu bestimmten Jahreszeiten und an bestimmten Orten kann die Wachtel vorübergehend giftig werden. Der Vogel nimmt das Gift mit verschiedenen Pflanzen auf und akkumuliert es im Körper. Wenn er zu dieser Zeit gegessen wird, kann es zu einer

Vergiftung kommen. Dabei entstehen Symptome wie Muskelschmerzen, Lähmungserscheinungen, Übelkeit und Erbrechen. Eine Vergiftung durch den Verzehr von Wachteln wird als Coturnismus bezeichnet (Lewis, Metallinos-Katzaras 1987; Bartram, Boland 2001; Mebs 2010).

Giftige Säugetiere

Wie bereits erwähnt gibt es nur sehr wenige giftige Säugetiere. Ein Beispiel wäre das Schnabeltier (*Ornithorhynchus anatinus*) aus Australien. Die Männchen haben einen Sporn am hinteren Fußgelenk, über den ein Gift abgegeben werden kann. Im Gift sind Proteine und Peptide enthalten, welche zu Schmerzen und lokalen Ödemen führen können. Ein weiteres Beispiel wären Spitzmäuse.

Die Kurzschwanzspitzmaus (*Blarina brevicaudata*) besitzt ein Gift im Speichel, das sogenannte Blarina-Toxin. Es verursacht brennende Schmerzen, Blutdruckabfall und lokale Lähmungserscheinungen (Mebs 2010). Blarina-Toxin ähnelt strukturell und funktionell dem Gilatoxin, einem Toxin im Gift der Krustenechsen (Aminetzach et al. 2009).

Auch innerhalb der Gruppe der Primaten (zu denen auch der Mensch gehört) finden wir giftige Vertreter. Bei manchen Loris etwa konnte man am Arm eine Giftdrüse nachweisen. Dieses Gift nehmen die Tiere durch Lecken auf und können es dann während einem Biss abgeben. Die Herkunft des Giftes ist noch unklar, man geht jedoch davon aus, dass es aus anderen Organismen sequestriert wird (Rode-Margono et al. 2014). Loribisse gelten als ausgesprochen schmerzhaft und können zur Entstehung von Ödemen führen. Selbst Todesfälle durch Loris sind bekannt (Nekaris et al. 2013).

Weitere giftige Säugetiere wären die Schlitzrüssler der Gattung *Selenodon*, welche im Unterkiefer eine Drüse besitzen, die ein Neurotoxin produziert (Ligabue-Braun et al. 2012).

Spinnen und Skorpione

Spinnen gehören zusammen mit den Skorpionen zur Gruppe der Arachniden oder Spinnentiere. Diese wiederum gehören zu den Arthropoden, zu denen auch Insekten, Tausendfüßler, Krebstiere usw. gehören. Auch die Spinnentiere stellen eine sehr wichtige Gruppe giftiger Tiere dar. Spinnen besitzen als Giftapparat die so genannten Chelizeren oder Kieferklauen, mit denen sie ihre Beute ergreifen und Gift injizieren. Auch Skorpione besitzen einen Injektionsapparat, der sich am Ende des Metasomas befindet und als Schwanzstachel ausgebildet ist.

Die beiden führenden Bewerber für die Rangliste der giftigsten Spinnen sind die australischen Trichternetzspinnen (*Atrax sp.*) und die brasilianischen Wanderspinnen (*Phoneutria sp.*).

Das sogenannte Robustoxin im Gift der Trichternetzspinnen verhindert die Inaktivierung der Natriumkanäle an den Neuronen. Menschen und andere Primaten reagieren auf das Gift äußerst sensibel und können am Biss einer Trichternetzspinne sterben während Hunde und Katzen kaum eine Wirkung verspüren. Interessanterweise gelten für Hunde und Katzen Spinnen der Gattung *Selenocosmia* und *Phlogiellus* als äußerst gefährlich, während diese wiederum bei Menschen lediglich lokale Reaktionen hervorrufen (Isbister et al. 2003).

Die Vertreter der Gattung *Phoneutria* gehören zu den giftigsten Spinnen weltweit. Im deutschsprachigen Raum werden sie als Wanderspinnen, oftmals auch als Bananenspinnen oder Kammspinnen bezeichnet. Im Gift dieser bemerkenswerten Geschöpfe sind hochwirksame Neurotoxine vorhanden, welche das Nervensystem angreifen. Die Wirkung des Phoneutriagiftes beruht auf der biologischen Aktivität von Toxinen wie Tx2-5, Tx3-3 usw., welche mit verschiedenen Ionenkanälen von verschiedenen Zellen interagieren. Prinzipiell wird das Nervensystem von zwei Seiten angegriffen. Einerseits werden Ionenkanäle geöffnet, andererseits werden sie inaktiviert. Beides zusammen führt zu einem regelrechten Durcheinander im Nervensystem, welches letztendlich lahmgelegt wird.

Komponenten wie etwa PhTx2 erhöhen die Permeabilität der Natriumkanäle, wodurch es zu einem vermehrten Einstrom von Natrium in die Zelle kommt. Dies hat eine verstärkte Reizleitung zur Folge, was zu Muskelkrämpfen bzw. der Lähmung des Muskels durch Versteifung und zu unkontrollierbarem Speichelfluss usw. führen kann. Andere Komponenten wie beispielsweise Tx3-3 und Tx3-4 inaktivieren die Kalziumkanäle, wodurch die Reizleitung blockiert ist, was ebenfalls zu Lähmungserscheinungen führt.

Neben den oben genannten Symptomen verursacht der Biss einer *Phoneutria* Schweißausbrüche, Schüttelfrost, Fieber und Atembeschwerden. Im schlimmsten Fall endet der Biss dieser Art tödlich. Weiters können Bisse von Wanderspinnen zu langanhaltenden, schmerzhaften Erektionen führen, was man als Priapismus bezeichnet. Die Erektion wird von pro- und antierektilen Nervensignalen kontrolliert. Die dafür verantwortlichen Neuronen scheinen besonders empfindlich gegen Tx2-5 und Tx2-6 zu sein. Diese beiden Toxine haben eine aktivierende Wirkung auf Neuronen, indem sie die Natriumkanäle der Neuronen offenhalten. Offensichtlich führt hier die Aktivität von Tx2-6 zur Aktivierung proerektiler Neuronen und damit zur Freisetzung von Stickstoffmonoxid (NO), wie es auch bei einer Erektion passiert. NO seinerseits bindet an ein G-gekoppeltes

Protein, welches die Guanylat cyclase aktiviert. Diese rekrutiert einen Second Messenger mit dem Name cGMP, welches seinerseits eine Proteinkinase G aktiviert (lassen Sie sich von den abstrakten Namen nicht irritieren. Es handelt sich lediglich um Proteine und Stoffwechselprodukte). Diese bewirkt durch verschiedene Wirkungsweisen, wie etwa die Phosphorylierung von Proteinen bestimmter Kaliumkanäle, einen Abfall des intrazellulären Kalziumspiegels. Die Muskelkontraktion benötigt einen hohen Anteil an Kalzium. Dadurch, dass kein Kalzium vorhanden ist, wird die Muskulatur im Schwellkörper relaxiert und es strömt Blut in die Schwellkörper, wodurch es zur Erektion kommt. Aufgrund dieser Wirkungsweise könnten solche Toxine eventuell als Basis für die Herstellung von Medikamenten dienen, welche gegen Erektionsstörungen eingesetzt werden können.

Bei den Skorpionen gelten vor allem die Vertreter aus der Familie der Buthidae als gefährlich. Vertreter der Gattung *Buthus*, *Centruroides* und *Parabuthus* seien hier als Beispiele genannt. Die Gifte der Skorpione setzen sich vorwiegend aus Neurotoxinen zusammen, die mit verschiedenen Ionenkanälen der Neuronen interagieren und so Lähmungen verursachen. Zudem befinden sich in vielen Skorpiongiften Komponenten, welche die Aktivität des Herzes etwa durch die Freisetzung von Katecholaminen beeinflussen.

1: *Centruroides limbatus*. 2: Dickschwanzskorpion (*Parabuthus transvaalicus*). 3: *Phoneutria*. 4: Schwarze Witwe (*Latrodectus tredicimguttatus*).

Bücherskorpione oder Pseudoskorpione

Die Gruppe der Pseudoskorpione zählt ebenfalls zu den Arachniden und beinhaltet etwa 3.000 bis 3.500 Arten, die nur von geringer Körpergröße sind. Die größte Art wird lediglich ein paar Millimeter groß. Sie sehen ähnlich wie Skorpione aus, besitzen aber keine ventrale Pecten und kein Metasoma, also keinen Stachel (Westheide, Rieger 2007). Von 3.500 Arten besitzen etwa 2.800 davon Giftdrüsen. Über das Gift der Pseudoskorpione ist kaum etwas bekannt. Vermutlich hat es bei den meisten Arten einen neurotoxischen Charakter (Reumont, Campbell et al. 2014). Die Giftdrüsen der Pseudoskorpione befinden sich in den Scheren. Das Gift gelangt über die Spitze der Scheren, den sogenannten Chelalfingern, in die Beute. Giftdrüsen können sich entweder in beiden oder nur in einem der beiden Finger befinden.

Pseudoskorpione kommen auch in vielen Haushalten vor, wobei ihre Anwesenheit aufgrund ihrer geringen Körpergröße meistens nicht bemerkt wird. Im Staub und auf alten Teppichen, im Falllaub des Waldes und in Höhlen jagen sie nach verschiedenen kleinen Tieren, wie etwa Milben und Collembolen.

1 cm

1 und 2: Zwei verschiedene Vertreter aus der Gruppe der Pseudoskorpione. 3: Größenvergleich zwischen Pseudoskorpion und echten Skorpion der Gattung *Euscorpius*.

Milben

Die Milben sind die vielfältigste Gruppe, innerhalb der Arachniden. Es gibt über 48.000 verschiedene Arten (Westheide, Rieger 2007). Viele Arten von Milben geben proteolytische oder neurotoxische Stoffe über die Mundwerkzeuge ab. Räuberische Milben nutzen diese Komponenten, um ihre Beute zu überwältigen und um zu verdauen. Als Beispiele für giftige räuberische Milben seien Vertreter aus der Gruppe der Anystidae genannt.

Bei einigen Zecken kann es auch zu Vergiftungen, sogenannten Zeckentoxikosen, kommen. Gewisse Arten geben durchaus wirksame Gifte ab, die sich auch im menschlichen Körper bemerkbar machen. Die Art *Ixodes holocyclus* beispielsweise gibt beim Zustechen Neurotoxine ab, die zu einer paralytischen Zeckentoxikose führen. Symptome, die dadurch hervorgerufen werden, sind Taubheitsgefühle und Kribbeln im Gesicht, an den Händen und Beinen, erhöhter Puls, Schwäche, manchmal auch Übelkeit und Atembeschwerden. *Ixodes holocyclus* lebt in Australien. Als weiterer potenzieller Erreger der paralytischen Zeckentoxikose sei *Dermacentor andersoni* genannt, welche in den westlichen USA vorkommt (Schmidt 1993).

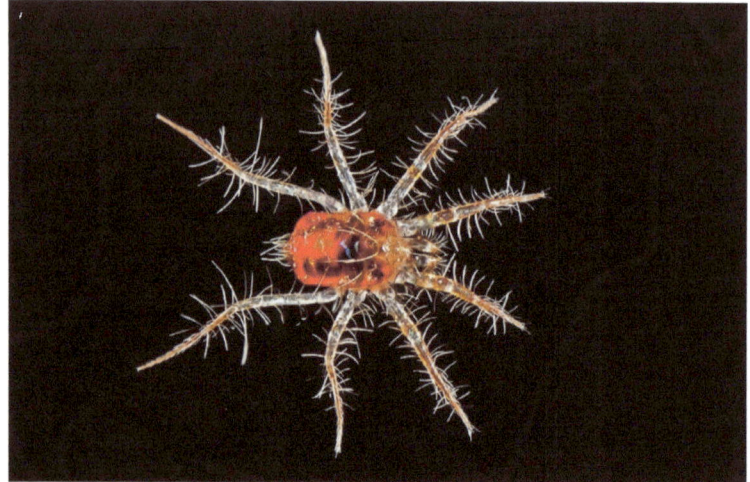

Oben: Eine Auswahl verschiedener Vertreter aus der Gruppe der Ixodida. 1: *Ixodes ricinus*, weiblich. 2: *Ixodes ricinus*, männlich. 3: *Haemaphysalis sp.* 4: *Rhipicephalus sp.*
Unten: Räuberische Milbe aus der Gruppe der Anystoidea.

Hundertfüßer

Etwas weniger bekannte "Giftpromis" sind die sogenannten Hundertfüßer oder Skolopender. Es handelt sich hierbei um eine Gruppe terrestrischer Arthropoden, die es bereits sehr lange auf diesem Planeten gibt. Die Hundertfüßer gehören zu den ältesten terrestrischen Gifttieren der Welt. Es existieren einige Vertreter, welche sehr schmerzhafte Vergiftungen verursachen können. Todesfälle haben sich unter anderem mit *Scolopendra subspinipes* und *Scolopendra heros* ereignet (Rosenberg et al. 2009). Skolopender geben ihre Gifte über die Maxillipeden ab. Maxillipeden sind die ersten Laufbeine der Skolopender, welche zu Injektionsapparaten umgebildet sind, mit denen die Tiere kräftig zukneifen können. Die Gifte dieser Arthropoden bestehen hauptsächlich aus Proteinen, welche neurotoxisch, myotoxisch, kardiotoxisch und zytotoxisch wirken können. Enthalten sind Phospholipasen A_2, Hyaluronidasen und Chitinasen. Neurotoxine machen einen beachtlichen Teil von vielen Chilopodengiften aus (Undheim, Jones et al. 2014; von Reumont, Campbell et al. 2014). Die neurotoxischen Komponenten bilden Poren in den Axonen der Neuronen, wodurch sie ihre Funktion verlieren und eine Lähmung oder ein heftiger Schmerz, aufgrund einer Depolarisation, eintreten. Andere neurotoxische Komponenten interagieren mit den Natrium-, den Kalium- und den Kalziumkanälen der Neuronen (Undheim, Jones et al. 2014). Das Toxin μ-SLPTX-Ssm6a aus dem Gift von *Scolopendra subspinipes mutilans* scheint aufgrund seiner hohen Selektivität für spannungsabhängige Natriumkanäle (NaV1.7) ein vielversprechendes Schmerzmittel zu sein (Hakim, Yang et al. 2015). Im Gift von Skolopendern wurden ebenfalls Histamin und Serotonin nachgewiesen

(Rosenberg 2009; Mebs 2010). Histamin ist eine weit verbreitete Substanz, welche normalerweise die Rolle eines Botenstoffes übernimmt. Beim Menschen ist es an Entzündungen beteiligt und führt zu schmerzhaften Schwellungen. Serotonin ist ein Neurotransmitter, welcher verschiedene Vorgänge im Körper steuert, reguliert oder zumindest teilweise beeinflusst wie zum Beispiel die Blutgerinnung, die Verengung und Erweiterung von Blutgefäßen und so weiter. Scolopenderbisse sind meistens äußerst schmerzhaft und hinterlassen zwei Einstichstellen von denen eine Rötung und meistens eine Schwellung ausgehen. Lokale Ödeme und Nekrosen können auftreten. Bei großen Arten kann es auch zu Allgemeinsymptomen wie Übelkeit, Schwindel, Tachykardie usw. kommen. Schwerwiegende Symptome sind meist auf Sekundärinfektionen zurückzuführen (Mebs, 2010).

Scolopendra sp.

Giftige Krebstiere

Giftige Arten finden wir bei den Krebstieren unter anderem innerhalb der Gruppe der Remipedia, welche ihre Beute mit Gift lähmen. Das Gift geben sie durch ihre klauenförmigen Maxillen ab. *Xibalbanus tulumensis* war das erste Krebstier, welches nachweislich Gift zum Jagen verwendet (Reumont, Campbell et al. 2014). Remipedia scheinen das aquatische Gegenstück der terrestrischen Chilopoden zu sein. Weitere giftige Crustaceen enthalten die Gruppe der Branchiura, die Copepoda und die Caprellidae (von Reumont, Campbell et al. 2014).

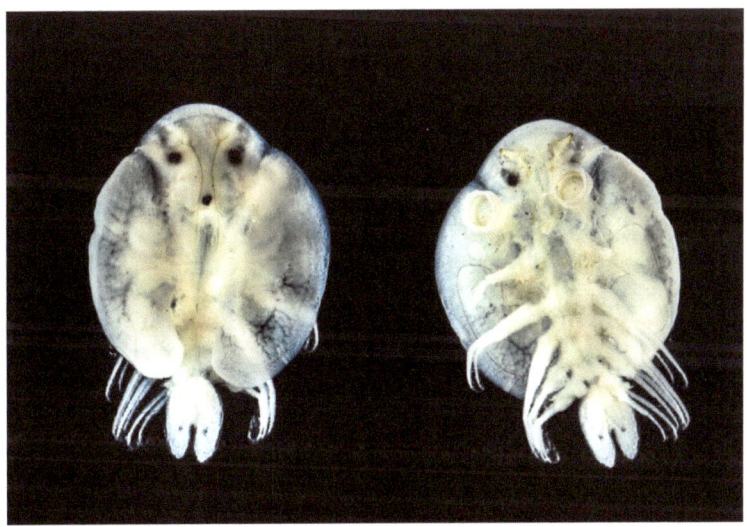

Argulus sp. aus der Gruppe der Branchiura.

Insekten

Die Insekten sind die artenreichste und zugleich eine überaus erfolgreiche und mannigfaltige Gruppe der Arthropoden.

Sehr viele Insekten sind giftig. Einige Arten leben räuberisch und applizieren ihre Gifte aktiv durch einen abdominalen Stachel, einem Stech- und Saugrüssel am Kopf oder über spezielle Wehrdrüsen, welche sich an verschiedenen Stellen des Körpers befinden können. Andere Arten sind hingegen passiv giftig. Sie ernähren sich von giftigen Pflanzen und reichern die Gifte im Körper an. Giftige Schmetterlinge reichern Gifte beispielsweise unter anderem in den Flügeln an, während die Gifte bei den Raupen meistens in der Hämolymphe oder in speziellen Borsten lokalisiert sind. Sequestrierung pflanzlicher Gifte kommt unter anderem bei Hautflüglern (Hymenoptera), Käfern (Coleoptera), Schmetterlingen (Leptidoptera), Schnabelkerfen (Hemiptera) und Zweiflüglern (Diptera) vor. Manche Raubinsekten ernähren sich wiederum von giftigen Beuteinsekten und reichern deren Gifte an. Auch finden wir viele blutsaugende Insekten, welche neurotoxische und gerinnungshemmende Sekrete beim Stich abgeben.

Die spanische Fliege ist ein in Europa verbreiteter Käfer, der zur Gruppe der Meloiden gehört, welche zu den giftigen Käfern zählen. Die Käfer geben bei Bedrohung übelriechende und reizende Sekrete über die Kniegelenke ab. Die Weibchen sind nur während der Paarungszeit giftig. Auch die Eier der Käfer sind giftig. In den Sekreten des Käfers befindet sich Cantharidin. In großen Mengen oral eingenommen kann es zu Leberschäden und Nierenversagen führen und damit letztendlich potenziell tödlich wirken. Bei Hautkontakt wirkt es stark reizend und verursacht Rötungen und Blasen.

Eines der bekanntesten Gifttiere ist die Honigbiene (*Apis mellifera*). Bienengift ist das am besten erforschte Tiergift. Es beinhaltet unter anderem Histamin, ein Stoff, welcher Entzündungen auslöst, und die Phospholipase A_2. Auch eine Hyaluronidase ist enthalten. Ein weiterer, wichtiger Bestandteil des Giftes ist das Melittin. Dies ist eine lytisch wirkende Komponente, welche Zellmembranen perforiert. Dadurch wird die Permeabilität der Zellmembranen erhöht, was zum Einstrom von Natrium in die Zelle und damit zur Depolarisation der Zellmembran führt. Dadurch entsteht der Schmerz. Melittin wirkt auch hämolytisch. In schlimmen Fällen kann eine Hämolyse auftreten, welche zu Nierenschäden führt. Das Apamin ist eine weitere Komponente des Bienengiftes. Es wirkt neurotoxisch, indem es die Kaliumkanälchen der Neuronen inhibiert. Dieses Neurotoxin wurde auch im Gift von Wespen gefunden. Bienengift induziert auch die Apoptose und wird auch für medizinische Zwecke eingesetzt. Bereits Hippocrates (460 – 377 v. Chr.) beschreibt die Verwendung von Bienengift zur Behandlung von Arthritis (von Reumont, Campbell et al. 2014). Wegen seiner cytotoxischen Eigenschaften könnte Bienengift auch in der Bekämpfung von Krebs eingesetzt werden (Mebs 2010; Orsollc, Nada 2012).

Auch die mit den Bienen verwandten Ameisen zählen zu den Gifttieren. Einige Arten, wie Beispielsweise *Paraponera sp.*, können extrem schmerzhafte Stiche austeilen.

Zahlreiche Schmetterlinge sind ebenfalls giftig. Insbesondere die sonst schutzlosen Raupen vieler Arten sind auf chemische Verteidigungsmittel angewiesen. Beispiele wären die europäischen Vertreter der gefürchteten Prozessionsspinner aus der Gattung *Thaumetopoea*.

Vertreter der südamerikanischen *Lonomia*-Arten, insbesondere *Lonomia acheolus* und *Lonomia obliqua*, scheinen für den Menschen gefährlich zu sein und haben bereits Vergiftungen mit tödlichem Ausgang verursacht. Die Raupen beinhalten Hämotoxine, welche verschiedene Gerinnungsfaktoren aktivieren, was zu einer Verbrauchskoagulopathie führen kann. Dadurch kommt es zu subkutanen und inneren Blutungen (Carrijo-Carvalho und Chudzinski-Tavassi 2007). In schlimmen Fällen kann es zu Nierenversagen oder zu intrazerebralen Hämorrhagien kommen, was letztendlich zum Tod führen kann. (Gamborgi et al. 2006). In Teilen Brasiliens ist die Mortalitätsrate bei Vergiftungen durch diese Raupen sogar höher als bei Giftschlangen (Mebs 2010).

Zahlreiche Vertreter aus der Gruppe der Wanzen (Heteroptera) sind giftig. Zu den größten Arten zählen die Vertreter aus der Familie der Belostomatidae, von denen die Arten innerhalb der Gattung *Lethocerus* bis zu 12 cm groß werden können. Belostomatiden sind dafür bekannt, relativ unangenehme Stiche auszuteilen, welche jedoch nicht als lebensgefährlich gelten. Auch die Arten aus der Gruppe der Reduviidae können schmerzhaft zustechen. Als Beispiel seien hier die Arten aus der Gattung *Diptelogaster* genannt, welche in Mexiko verbreitet sind.

Dies ist nur eine kleine Auswahl zahlreicher giftiger Insekten. Alle Arten zu nennen würde den Rahmen dieses Buches sprengen.

Einige giftige Insekten. 1: *Paraponera sp.* 2: Hornisse (*Vespa crabro*). 3: Prozessionsspinner (*Thaumetopoea pityocampa*). 4: Honigbiene (*Apis mellifera*).

Nesseltiere

Nesseltiere sind wohl die älteste Gruppe von Gifttieren und beinhalten etwa 10.000 Arten (Jouiaei et al. 2015). Sie sind auch die für den Menschen wichtigsten Gifttiere in marinen Lebensräumen, weil sie zu den Tieren gehören, die dort am häufigsten in Unfälle involviert sind (Sánchez-Rodríguez et al. 2006). Es gibt sie schon seit etwa 600 Millionen Jahren. Alle Arten sind aquatisch, die meisten leben im Meer, nur wenige im Süßwasser. Namensgebendes Merkmal der Nesseltiere sind die Nesselzellen. Sie sind der Giftapparat dieser Tiere und werden als Nematocyten oder Cnidozyten bezeichnet. Sie beinhalten eine Kapsel (Nematocyste), in der sich ein aufgerollter Schlauch und das Gift befinden. Außen besitzt die Zelle einen Fortsatz welcher als Cnidocil bezeichnet wird. Das Cnidocil ist der Auslöser der Nesselzelle. Wenn es berührt wird, schießt der Schlauch wie eine Harpune aus der Kapsel und durchbohrt das Integument des Opfers beziehungsweise des Angreifers. Dabei wird dann auch das Gift abgegeben (Mebs 2010). Alle Arten sind giftig. Manche können unangenehme Hautreaktionen verursachen. Einige wenige Arten sind auch für den Menschen gefährlich und im Folgenden beschrieben.

Die Portugiesische Galeere (*Physalia physalis*) gilt als gefährlich und ist auf keinen Fall zu unterschätzen. Das Gift wirkt zytotoxisch und hämolytisch. Die hämolytische Wirkung ist auf einen der Hauptbestandteile des Giftes zurückzuführen, einem Protein mit dem Namen Physalitoxin (Tamkun und Hessinger 1981). Vergiftungen durch *Physalia* gelten als äußerst schmerzhaft und können zu potenziell lebensbedrohlichen Zuständen führen.

Die Würfelqualle (*Chironex fleckeri*) gilt als eines der gefährlichsten und giftigsten Nesseltiere weltweit. *Chironex* ist auch für eine Reihe schwerwiegender Unfälle verantwortlich. Der Kontakt mit den Tentakeln führt zu starken Schmerzen, Rötungen und zu Lähmungen der Skelettmuskulatur und der Herzmuskulatur.

Die wesentlich kleinere Irukandji Qualle (*Carukia barnesi*) gehört ebenfalls zu den Würfelquallen. Ihr Schirmdurchmesser ist kaum größer als der Durchmesser eines menschlichen Fingers. Trotz ihrer geringen Größe gilt die Qualle als sehr gefährlich. Im Gift sind vermutlich Kardiotoxine enthalten, die das Herz angreifen. Ein Kontakt mit den Tentakeln führt zu Erbrechen, Schweißausbrüchen und Herzrhythmusstörungen. Die Vergiftung ist als potenziell lebensbedrohlich einzuschätzen.

Weichtiere

Weltweit gibt es heute etwa 100.000 Arten, von denen die Meisten im Meer leben. Die kleinsten Arten sind unter 1 mm lang, die größten, wie etwa Riesenkalmare der Gattung Architheutis, können mehrere Meter lang werden. Giftige Arten finden wir innerhalb der Gruppe der Schnecken (Gastropoda) und der Coleoiden (Kraken, Kalmare und Sepien). Viele dieser Tiere, hauptsächlich Muscheln, können Gifte auch aus der Umwelt aufnehmen und im Körper anreichern.

Wenn es um die Giftigkeit innerhalb der Gruppe der Coleoiden geht, stehen die Kraken der Gattung *Hapalochlaena* an vorderster Stelle. Diese kleinen Kraken besitzen das hochwirksame Alkaloid Tetrodotoxin, welches die Natriumkanäle der Neuronen blockiert und damit die Freisetzung der Neurotransmitter unterbindet und zu Lähmungen führt. Der Biss eines Blaugeringelten Kraken (*Hapalochlaena lunulata*) führt innerhalb weniger Stunden zu Lähmungen der Muskulatur. Im schlimmsten Fall tritt der Tod durch Atemlähmung ein. Eine weitere hochgiftige Art innerhalb der Gruppe der Coleoiden wäre die Prachtsepia (*Metasepia pfefferi*). Auch Metasepia beinhaltet Tetrodotoxin. Durch ihre auffällige Färbung gibt sie anderen Meeresbewohnern zu verstehen, dass sie ungenießbar ist.

Kegelschnecken sind räuberische Weichtiere, die sich am Meeresboden aufhalten und dort verschiedene Tiere wie Würmer, andere Weichtiere und Fische jagen. Die meisten Kegelschnecken sind für Menschen nicht besonders gefährlich. *Conus geographus* und *Conus textile* gelten als hochgiftig und können potenziell tödliche Vergiftungen verursachen. Im Gift der Kegelschnecken sind die hochwirksamen Conotoxine vorhanden. Alpha-Conotoxine richten sich gegen die Acetylcholinrezeptoren, µ-

Conotoxine gegen Natriumkanäle und omega-Conotoxine richten sich gegen Calziumkanäle (Olivera et al. 1990). Diese Gifte wirken im allerhöchsten Maße paralysierend. Für die Verabreichung der Gifte besitzen Kegelschnecken eine Art Harpune, die sie über einen Rüssel in die Beutetiere schießen. Das Beutetier wird dann innerhalb von Sekunden gelähmt (Mebs 2010). Kegelschneckengift ist wohl eines der am schnellsten wirkenden Gifte im Tierreich. Behandelt man die Tiere mit ausreichender Vorsicht, ist die Wahrscheinlichkeit gestochen zu werden relativ gering.

Des Weiteren existieren noch zahlreiche andere Schneckenarten, welche giftige Schleime produzieren, um sich vor Fressfeinden zu schützen.

Interessant sind auch die Vertreter der Gruppe der Fadenschnecken (Aeolidida), welche sich von den Nesseltieren ernähren und deren Nesselkapseln in der Haut anreichern, wodurch sie selbst zu nesseln beginnen.

Kegelschnecke (*Conus textile*).

Ringelwürmer oder Anneliden

Zu den Anneliden gehören unter anderem die uns wohl bekannten Regenwürmer und die Blutegel, sowie zahlreiche weniger bekannte, marine Arten, wie etwa Feuerwürmer aus der Gruppe der Polychaeten. In Bezug auf den Gebrauch von Giften sind Anneliden noch relativ wenig erforscht. Giftige Vertreter finden wir in der Gruppe der Polychaeten, wie etwa die Arten aus der Familie der Glyceridae. In der Gruppe der Clitellata sind hinsichtlich der Zusammensetzung von Giften die Blutegel am besten untersucht. Auch in der Familie der Regenwürmer (Lumbricidae) finden wir Arten, welche biologisch aktive Substanzen beinhalten. Einige dieser Substanzen könnten Anwendung in der Medizin finden (Cooper, Balamurugan 2010; Reumont, Campbell et al. 2014).

Blutegel ernähren sich vom Blut verschiedener Wirbeltiere. Dazu benötigen sie Komponenten im Speichel, welche die Blutmahlzeit erleichtern sollen. Mit den posterioren und anterioren Saugnäpfen hält sich der Egel fest. Am Kopf befinden sich drei spitze Kiefer oder Zähnchen, mit denen er die Haut des Opfers durchdringt und seinen Speichel in die Wunde presst. Die Zähnchen tragen winzige Zacken und arbeiten sich wie eine kleine Säge ins Gewebe (Orevi, Eldor et al. 2000; Cesur 2015). Baskova et al. (2004) konnten im Speichel von *Hirudo medicinalis* mehr als 100 verschiedene Proteine nachweisen. Im Speichel der Tiere befinden sich gefäßerweiternde, gerinnungs- und entzündungshemmende, sowie betäubende Substanzen. Der wichtigste Bestandteil des Speichels ist das Hirudin, ein Protein, welches Thrombin inhibiert. Dadurch wird die Entstehung von Fibrin und damit die Blutgerinnung verhindert (Markwardt 1970). Calin, ein weiteres Protein, inhibiert die kollagenabhängige Aggregation der

Thrombozyten, die durch die Bindung des Von-Willebrand-Faktors zustande kommt (Harsfalvi et al. 1995). Die Komponenten Eglin und Bdellin weisen eine entzündungshemmende Wirkung auf. Neben verschiedenen anderen Komponenten des Speichels der Blutegel sei zu guter Letzt noch eine Hyaluronidase erwähnt, welche als Spreading-Faktor dient (Cesur 2015). Blutegel sind für Menschen meistens ungefährlich. Durch den Biss des Egels verursachte Wunden bluten noch einige Stunden, manchmal sogar Tage nach dem Biss. Weiters kann es zu lokalen Reaktionen wie Rötungen und Schwellungen kommen.

Glyceriden sind eine Familie von Polychaeten, von denen die meisten räuberisch leben. Die Würmer besitzen einen ausstülpbaren Proboscis an dessen Ende sich vier spitze, nach innen gebogene Zähnchen befinden, welche mit Giftdrüsen verbunden sind. Beim Fang der Beute wird der Proboscis ausgestülpt und die Zähnchen in die Beute geschlagen.

Die Gifte der Glycera-Arten wirken unter anderem cytotoxisch, indem sie die Zellmembran angreifen, aber auch neurotoxisch. Wie in den Giften anderer Tiere, befinden sich auch im Glyceridengift einige Komponenten, welche dieselbe Grundstruktur besitzen, die wir auch bei den Toxinen anderer Tierarten finden, wie beispielsweise Phospholipasen, Shingomyelinasen, Peptidasen S_1, Chitinasen, Metalloproteasen, Hyaluronidasen und Lipocaline. Im Gift enthaltene Actinoporine führen zur Zerstörung von Zellmembranen und damit zum Zelltod. Diese Proteine sind bereits in geringen Dosen relativ wirksam (Reumont, Campbell et al. 2014).

Verschiedene Vertreter aus der Gruppe der Anneliden. 1: Der bekannteste giftige Annelid. Ein Vertreter aus der Familie der Glyceridae. Die roten Pfeile markieren die Kiefer des Wurmes, mit denen er ein Gift abgibt. 2: *Eisenia sp.* produziert toxische Komponenten zur Abwehr. 3 und 4: Zwei unbekannte Vertreter aus der Gruppe der Amphinomidae. Die Borsten der Tiere können Gift beinhalten.

Plattwürmer

Plattwürmer sind eine recht interessante und bizarre Gruppe von Würmern. Die Gruppe beinhaltet etwa 30.000 Arten (von Reumont, Campbell et al. 2014), von denen sehr viele Parasiten sind. In Bezug auf Gifte sind Plathelminthen noch wenig erforscht und es konnten bisher nur wenige biologisch aktive Substanzen aus einigen Arten isoliert werden.

Der Plattwurm *Planocera multitentaculata* benutzt Tetrodotoxin, um seine Beute zu überwältigen (Ritson-Williams, Yotsu-Yamashita et al. 2006). Pelagische *Mesostoma*-Arten scheinen in der Lage zu sein, ein Neurotoxin in die Beute zu injizieren, welches diese innerhalb kürzester Zeit lähmt (Reumont, Campbell et al. 2014).

Nemertinen

Hierbei handelt es sich um Würmer, die im Wasser leben. Nemertinen kommen in fast allen marinen Lebensräumen vor. Die meisten Arten sind Räuber, einige auch Aasfresser.

Charakteristisch für diese Tiergruppe ist der ausstülpbare Proboscis, den alle Arten besitzen, welcher oftmals länger als der Wurmkörper werden kann. Die Tiere benutzen den Rüssel zum Beutefang. Am Rüssel befinden sich verschiedene Drüsenzellen, von denen einige Säuren und verschiedene Toxine abgeben, welche die Beute paralysieren und verdauen sollen. Im eingestülpten Zustand verbirgt sich der Rüssel in einem Hohlraum, den man als Rhynchocoel bezeichnet. Bei der Jagd wird er innerhalb kürzester Zeit durch Muskelkontraktionen ausgestülpt und umschlingt die Beute, welche dann nach einigen Sekunden verendet, bevor sie gefressen wird. *Amphiporus angulatus* besitzt verschiedene Bipyridyle und Tetrapyridyle, wie beispielsweise Nemertellin, oder das 2,3-Bipyridyl, welches neurotoxisch auf Crustaceen wirkt. Die toxische Wirkung dieser Komponenten gegen Säugetiere ist hingegen vernachlässigbar (Kem, Scott et al. 1976; Kem 1988). Einige Arten, wie beispielsweise *Tubulanus punctatus* und *Lineus fuscoviridis* beinhalten Tetrodotoxin. Bestimmte Individuen der Gattung *Cephalothrix*, insbesondere *Cephalothrix simula*, beinhalten Tetrodotoxin in hohen Konzentrationen, die auch für Menschen tödlich sein können (Asakawa, Ito et al. 2013).

Chaetognathen, Borstenkiefer oder Pfeilwürmer

Pfeilwürmer sind relativ kleine, bilateral symmetrische Würmer. Ihren Namem "Pfeilwürmer" verdanken sie erstens ihrer äußeren Gestalt, die einem Pfeil ähnelt, und ihrer Art und Weise, wie sie sich fortbewegen. Der Name "Borstenkiefer" hingegen leitet sich von der Morphologie des Kopfes und des Kiefers ab. Chaetognathen ernähren sich hauptsächlich von kleineren Tieren, die ebenfalls Teil des Holoplanktons sind, wie zum Beispiel Copepoden, aber auch von kleineren Vertretern aus der eigenen Gruppe.

Am Kopf besitzen die Tiere mehrere Haken, mit denen sie ihre Beute festhalten (Westheide, Rieger 2007). Über die Zähne können sie ein Gift abgeben, mit dem sie die Beute paralysieren. Die Arten *Flaccisagitta lyra*, *Parasagitta elegans*, *Zonosagitta nagae* und *Eukrohnia hamata* beinhalten Tetrodotoxin, welches von symbiontischen Bakterien der Gattung *Vibrio* produziert wird. Dieses können sie bei der Jagd einsetzen (Thuesen et al. 1988; Thuesen et al. 1989).

Allgemeine Vorsichtsmaßnahmen und Maßnahmen bei Unfällen

Gleich zu Beginn dieses Kapitels möchte ich klarstellen, dass es keine universellen Vorsichtsmaßnahmen oder Maßnahmen, die bei Unfällen zu treffen sind, gibt, welche für jedes Gifttier geeignet sind. Einen Unfall durch angemessenes Verhalten erfolgreich vorzubeugen ist sicherlich die wichtigste aller Maßnahmen.

Allgemeine Vorsichtsmaßnahmen an Land: An Land haben wir es hauptsächlich mit Schlangen, Spinnen, Skorpionen usw. zu tun. Diese Tiere leben gerne versteckt in Höhlen und unter Steinen oder umgefallenen Baumstämmen. Mit bloßen Händen sollte man niemals irgendwohin fassen, wo man vorher nicht hingesehen hat. Das Umdrehen von Steinen sollte vermieden werden. Bei nächtlichen Wanderungen sollte man immer eine Taschenlampe dabeihaben. Tiere, die man nicht kennt, bitte niemals provozieren oder versuchen zu fangen. Bei Übernachtungen in freier Wildbahn sollten Kleidung und Schuhe vor dem Anziehen gründlich durchsucht werden. Lange Hosen und festes Schuhwerk sind in den Lebensräumen solcher Tiere empfehlenswert.

Allgemeine Vorsichtsmaßnahmen im Wasser: Die meisten aquatischen Gifttiere, die für den Menschen gefährlich werden können leben im Meer. Das Tragen von Neoprenanzügen ist in Gewässern, die eine hohe Dichte an Nesseltieren aufweisen, von Vorteil. Hierzu gibt es sogar spezielle Schutzanzüge, die man als Stingersuits bezeichnet. Beim Tauchen bitte nicht zu nahe am Boden tauchen. Meerestiere niemals provozieren, in die Enge treiben oder versuchen zu fangen.

Kommt es trotz allen Vorsichtsmaßnahmen zu einem Unfall, kann schnelles, präzises und angemessenes

Handeln lebensrettend wirken. Generell sollte Panik so gut es geht vermieden werden. Auf die gebissene Person ist beruhigend einzuwirken. Der Puls sollte in allen Fällen niedrig gehalten werden. Der unverzügliche Transport in das nächstgelegene Krankenhaus und die dortige Konsultierung eines Facharztes ist die wichtigste Maßnahme. Erste Hilfemaßnahmen sollten so gering wie möglich gehalten werden. Im Allgemeinen empfiehlt es sich, die von einem Biss oder einem Stich betroffene Extremität ruhigzustellen. Die Wunde aufzuschneiden oder auszubrennen ist zu unterlassen. Genauso erwiesen sich die Kältebehandlung und die elektrische Stimulation als obsolet. Der Konsum von Alkohol oder Kaffee ist zu vermeiden. Bei Unfällen mit Nesseltieren werden die Nesselkapseln oftmals mit 5%-Weinessig inaktiviert. Dies hilft jedoch nicht bei allen Arten. Wer verreist, sollte sich auch immer mit der dort befindlichen Toxikofauna ein wenig auseinandersetzen.

Tierische Gifte in der Medizin

Die biologische Aktivität vieler Gifte kann man sich in der Labordiagnostik, sowie der Erforschung und der Therapie von Krankheiten zunutze machen. Gifte sind somit auch für die Medizin äußerst interessant. Neurotoxische Komponenten aus dem Gift verschiedener Arten von Skorpionen binden an die Ionenkanälchen der Neuronen. Derartige Komponenten werden, ähnlich wie die Dendrotoxine der Mambas, in der Neurophysiologie als molekulare Marker verwendet, um Ionenkanälchen ausfindig zu machen (Kordiš und Gubenšek 2000; Mebs 2010). Viele Schlangengifte unterbinden die Blutgerinnung. Die Komponenten solcher Hämotoxine können beispielsweise zum Auflösen von Blutgerinnseln verwendet werden. So wurde ein Medikament mit dem Namen Integrilin auf der strukturellen Basis von Disintegrinen im Gift von Klapperschlangen hergestellt. Integrilin wird zur Behandlung von Herzinfarkten eingesetzt (Ohman et al. 1997; Markland 1998). Ein weiteres Medikament, welches zur Behandlung von Herzinfarkten eingesetzt werden kann, ist das sogenannte Tirofiban, welches vom Echistatin, einem Disintegrin aus dem Gift einer Sandrasselotter, abgeleitet ist (Koh, D C I et al. 2006).
Bei inneren Verletzungen müssen die Wunden zugeklebt werden. Dazu verwendet man Rinderthrombin und Rinderfibrinogen, zwei Proteine, welche die Blutgerinnung herbeiführen. Artfremde Proteine sind jedoch für unseren Körper oftmals nicht verträglich. Zudem besteht die Gefahr einer möglichen Infektion. In einem weiterentwickelten Verfahren benutzt man stattdessen das Fibrinogen des Patienten. In Vitro bringt man es mit Batroxobin, einer prokoagulantischen Komponente aus dem Gift der Lanzenotter (*Bothrops atrox*), zur Reaktion. Bei einem

niederen Ph-Wert, unter Zugabe weiterer Komponenten, die für die Reaktion nötig sind, entsteht gelöstes Fibrin. Das Schlangengift wird anschließend chemisch und dann durch Zentrifugierung entfernt. Anschließend wird durch Zugabe eines Puffers der pH-Wert gehoben, wodurch das Fibrin zu polymerisieren beginnt. Das Präparat kann dann auf die Wunde aufgesprüht oder flächig aufgetragen werden, wodurch die Wunde verklebt wird (Mebs 2014). Hämotoxine aus Schlangengiften können zudem in der Untersuchung von Krankheiten des Blut-Systems verwendet werden. Das Von-Willebrand-Syndrom ist eine Krankheit, bei der die Blutgerinnung gestört ist. Die Krankheit ist auf die veränderte Funktion des Von-Willebrand-Faktors zurückzuführen. Bitiscetin, aus dem Gift der afrikanischen Puffottern (*Bitis*), interagiert mit dem Von-Willebrand-Faktor und führt so zur Aggregation von Thrombozyten. Diese Eigenschaft kann man ausnutzen, um die Funktion des Von-Willebrand-Faktors zu untersuchen (Matsui et al. 2010).

Die neurotoxischen Conotoxine aus dem Gift der Kegelschnecken hingegen, scheinen vielversprechende Schmerzmittel zu sein.

Eine Komponente aus dem Gift einer im Mittelmeer lebenden Qualle (*Pelagia noctiluca*) hemmt das Enzym Butyrylcholinesterase, welches eine wichtige Funktion bei der Entstehung von Alzheimer hat (Greig et al. 2002; Ayed et al. 2012). Verschiedene Zytotoxine von Schlangen, Spinnen, Nesseltieren usw., welche Zellen zerstören, könnten eventuell in der Bekämpfung von Krebs eingesetzt werden.

Dies ist nur eine sehr allgemein und knapp gehaltene Zusammenfassung. In der Gesamtheit aller tierischen Gifte liegt ein großes Potential, die verschiedensten Krankheiten zu heilen.

Gifttiere als Haustiere

Wenn man sich ein Haustier anschafft, nimmt man zugleich eine Menge Verantwortung auf sich. Tiere benötigen Pflege und eine angemessene Unterkunft. Dieses Buch soll kein Ratgeber für die Haltung von giftigen Tieren darstellen, weshalb ich dieses Kapitel nur kurzhalten werde. Für Unfälle mit Gifttieren übernehme ich keine Verantwortung.

Wer sich Gifttiere zulegen möchte, sollte sich zunächst ausgiebig mit ihnen beschäftigen und sich von Fachleuten intensiv beraten und zu Beginn auch betreuen lassen. Weiters ist die rechtliche Situation abzuklären. Vielerorts ist die Haltung von Gifttieren verboten oder streng reglementiert. Zudem ist die Haltung mancher Arten generell verboten oder streng reglementiert. Erkundigen Sie sich, ob sich die jeweilige Art, welche Sie sich zulegen möchten, in einem Anhang des CITES-Gesetzes befindet. Wichtig ist auch, dass Sie beim Kauf eines jeden Tieres einen Herkunftsnachweis verlangen. Diesen Nachweis benötigen Sie, falls Sie später mal kontrolliert werden. Erkundigen Sie sich zudem, ob die jeweilige Art in Ihrer Region meldepflichtig ist. Wer in einer Mietwohnung lebt, sollte sich Gifttiere nicht vor Rücksprache mit dem Vermieter zulegen. Wer ein Gifttier pflegt, sollte es in einem speziellen Raum unterbringen, aus dem keine Fluchtmöglichkeit besteht. Der Raum ist abzusperren und darf für niemanden außer dem Pfleger zugänglich sein. Terrarien mit Giftschlangen, Spinnen usw. sollten ebenfalls zusätzlich gesichert sein. Wichtig ist auch, dass man sich bereits im Voraus wichtige Telefonnummern wie beispielsweise die Nummer der regionalen Giftnotrufzentralen aufschreibt und diese irgendwo aufhängt, wo sie jeder sehen kann.

Für den Anfang sollte man sich nicht gleich eine sehr gefährliche Art ins Haus holen. Damit gefährden Sie nicht nur Ihre eigene Sicherheit, sondern auch die Ihrer Mitmenschen. Beginnen Sie also lieber mit etwas Harmloserem.

Wenn Sie sich für Spinnen interessieren, kann ich Ihnen folgende Arten für den Anfang empfehlen: *Brachypelma smithi*, *Brachypelma boehmi* und *Grammostola rosea*. Auch Skorpione erfreuen sich großer Beliebtheit. Anfängertaugliche Skorpione wären beispielsweise Vertreter der Gattung *Pandinus* und *Heterometrus*.

Die Haltung von Giftschlangen hingegen erfordert einiges an Erfahrung. Giftschlangen gehören nicht in die Hände eines Anfängers. Wenn Sie bereits viel Erfahrung mit Schlangen gesammelt haben und sich nun an die Haltung von Giftschlangen wagen wollen, empfehle ich Ihnen ein Praktikum in einem Zoo zu machen oder sich jemanden zu suchen, der bereits seit langer Zeit Giftschlangen hält und Ihnen die Praxis näherbringt.

Schluss

Aufgrund ihrer Eigenschaften sind Gifttiere leider den meisten von uns nicht unbedingt sympathisch. Dennoch dürfen wir als Menschen nicht vergessen, dass jegliche Lebensform bestimmte Funktionen in dieser Welt erfüllt und ihre Daseinsberechtigung hat, ungeachtet der Einstellung des Menschen ihr gegenüber. Als Räuber, aber auch als Beutetiere, stellen Gifttiere wichtige ökologische Regulatoren dar. Ein weiterer Grund, weshalb sie geschützt werden sollten, ist die Tatsache, dass ihre Gifte in der Medizin Verwendung finden können. Es könnte leicht möglich sein, dass Sie Ihr Leben irgendwann einmal der Existenz des giftigsten Tieres der Welt verdanken.

Noch Fragen? Wenn ja, zögern Sie bitte nicht, mir eine E-Mail zu schreiben oder eine Nachricht im Gästebuch meiner Homepage zu hinterlassen.

Ich hoffe, ich konnte Sie ein wenig für die Thematik begeistern und Ihr Wissen rund um Gifttiere ein wenig bereichern. Wenn dem so ist, würde ich mich auf eine positive Bewertung von Ihnen auf Amazon sehr freuen.

Kontaktdaten:
Homepage: www.dibiasiwelt.com
Telefon, Festnetz: 0039 0471 860 174
Telefon, Mobil: 0039 334 358 49 20
Email: wolfgang@dibiasi.com oder info@dibiasiwelt.com

Glossar

-Acetylcholin: Ein wichtiger, körpereigener Botenstoff, welcher unter anderem der neuronalen Signalübertragung dient und verschiedene andere Prozesse im Organismus steuert.

-Batrachotoxin: Sehr giftiges, neurotoxisches Alkaloid im Gift von einigen Amphibien, Vögeln und Insekten, welches die neuronale Signalübertragung auslöst. Dadurch verursacht es Muskelkrämpfe.

-F1-Generation: Die erste Generation von Nachkommen, nach den Eltern. Die Kinder der Eltern wären praktisch die F1-Generation. Deren Kinder wären die F2-Generation.

-Hyperkaliämie: Erhöhung des Kaliumgehaltes im Blut. Ein mitunter lebensbedrohlicher Zustand.

-Ionenkanal: Winzige Kanäle in den Membranen verschiedener Zellen. Die Kanäle dienen der bioelektrischen Signalübertragung, unter anderem bei der neuronalen Signalübertragung.

-Katecholamine: Körpereigene Botenstoffe, welche verschiedene Funktionen haben. Unter anderem beeinflussen sie beispielsweise den Blutdruck und die Herzfrequenz.

-Metasoma: "Schwanz" eines Skorpions, mit dem Stachel.

-Molekularer Marker: Ein Molekül, welches sich mit einer bestimmten anderen molekularen Struktur verbindet und anschließend nachgewiesen werden kann. Molekulare Marker sind häufig natürlich vorkommende Gifte, an die ein Farbstoff gehängt ist. Auf diese Weise kann man bestimmte Strukturen im Organismus sichtbar machen.

-Myoglobinurie: Wenn Myoglobin über den Urin ausgeschieden wird. Myoglobinurie ist ein Zeichen für die Beschädigung der Muskulatur und kann zu potenziell lebensbedrohlichen Zuständen führen.

-Neuron: Andere Bezeichnung für eine Nervenzelle.

-Paraphyletisch: Wenn eine Tiergruppe nicht zu einer anderen Tiergruppe dazu gezählt wird, auch wenn diese einen gemeinsamen Vorfahren haben. Beispiel: Reptilien und Vögel. Vögel sind mit Krokodilen näher verwandt, als mit Schlangen. Trotzdem bilden Vögel eine eigene Gruppe und gehören nicht zu den Reptilien.

-Phosphorylierung: Eine chemische Reaktion, bei der eine Phosphatgruppe an ein Molekül angehängt wird. Dies führt oft zur Änderung der Konformation eines Moleküls.

-Polyphyletisch: Wenn eine Tiergruppe zu einer anderen Tiergruppe dazu gezählt wird, obwohl sie nicht einen gemeinsamen Vorfahren haben. Beispiel: Würmer. Als Wurm definiert man ein wirbelloses Tier, dessen Körper länger als breit ist. Es gibt verschiedene Gruppen von Würmern, welche jedoch nicht miteinander verwandt sind.

-Proboscis: Der Rüssel von verschiedenen wirbellosen Tieren.

-Ribosomen: Winzige Organisationseinheiten innerhalb der Zellen, welche die Bildung von Proteinen übernehmen.

-Second Messenger: Ein sekundärer Botenstoff, welcher das Signal eines primären Botenstoffes weiterleitet.

-Taxon: Eine Gruppe von Tieren, welche miteinander verwandt sind und deshalb zu einer Gruppe zusammengefasst werden.

-Tetrodotoxin: Neurotoxisches Alkaloid, welches die neuronale Signalübertragung blockiert. Dadurch verursacht es eine Lähmung. Die Wirkung ist das genaue Gegenteil der Wirkung von Batrachotoxin.

-Toxicofera: Eine Gruppe innerhalb der Reptilien. Die Gruppe beinhaltet die Schlangen, die Schleichenartigen und die Leguanartigen. Der Vorfahre aller Vertreter der Toxicofera war giftig.

-Translation: Fachbegriff für die Proteinbiosynthese. Genau genommen der Vorgang, bei dem die mRNA abgelesen und anhand dessen Struktur eine Kette aus Aminosäuren an den Ribosomen gebildet wird.

-Verbrauchskoagulopathie: Ein krankhafter Zustand, bei dem das Blut nicht mehr gerinnen kann, weil die Gerinnungsfaktoren verbraucht wurden.

Literaturverzeichnis

-Aminetzach, Yael T.; Srouji, John R.; Kong, Chung Yin; Hoekstra, Hopi E. (2009): Convergent evolution of novel protein function in shrew and lizard venom. In: Current biology : CB 19 (22), S. 1925–1931. DOI: 10.1016/j.cub.2009.09.022.

-Ayed, Yosra; Dellai, Afef; Ben Mansour, Hedi; Bacha, Hassen; Abid, Salwa (2012): Analgesic and antibutyrylcholinestrasic activities of the venom prepared from the Mediterranean jellyfish Pelagia noctiluca (Forsskal, 1775). In: Annals of clinical microbiology and antimicrobials 11, S. 15. DOI: 10.1186/1476-0711-11-15.

-Bartram, Stefan; Boland, Wilhelm (2001): Chemistry and Ecology of Toxic Birds. In: ChemBioChem 2 (11), S. 809–811. DOI: 10.1002/1439-7633(20011105)2:11<809::AID-CBIC809>3.0.CO;2-C.

-Baskova, I. P.; Zavalova, L. L.; Basanova, A. V.; Moshkovskii, S. A.; Zgoda, V. G. (2004): Protein Profiling of the Medicinal Leech Salivary Gland Secretion by Proteomic Analytical Methods. In: Biochemistry (Moscow) 69 (7), S. 770–775. DOI: 10.1023/B:BIRY.0000040202.21965.2a.

-Bassus, Wilfried (2006): Gifte im Tierreich. 2., unveränd. Aufl., Nachdr. der 1. Aufl. von 1965. Hohenwarsleben: Westarp-Wiss.-Verl.-Ges (Die neue Brehm-Bücherei, 354).

-Carrijo-Carvalho, Linda Christian; Chudzinski-Tavassi, Ana Marisa (2007): The venom of the Lonomia caterpillar: an overview. In: Toxicon : official journal of the International Society on Toxinology 49 (6), S. 741–757. DOI: 10.1016/j.toxicon.2006.11.033.

-Cesur, Özgür (2015): Blutegeltherapie – Ein ausleitendes Verfahren. In: EHK 64 (01), S. 38–42. DOI: 10.1055/s-

0034-1395838.

-Chippaux, J. P. (1998): Snake-bites: appraisal of the global situation. In: Bulletin of the World Health Organization 76 (5), S. 515–524.

-Cooper, Edwin L.; Balamurugan, M. (2010): Unearthing a source of medicinal molecules. In: Drug discovery today 15 (21-22), S. 966–972. DOI: 10.1016/j.drudis.2010.09.004.

-Daly, J.; Myers, C.; Warnick, J.; Albuquerque, E. (1980): Levels of batrachotoxin and lack of sensitivity to its action in poison-dart frogs (Phyllobates) (208).

-Dobiey, Maik; Vogel, Gernot (2007): Venomous snakes of Africa. Giftschlangen Afrikas. Frankfurt am Main, Rodgau: Edition Chimaira; A.C.S Glaser (Terralog, 15).

-Dumbacher, J. P.; Spande, T. F.; Daly, J. W. (2000): Batrachotoxin alkaloids from passerine birds: a second toxic bird genus (Ifrita kowaldi) from New Guinea. In: Proceedings of the National Academy of Sciences of the United States of America 97 (24), S. 12970–12975. DOI: 10.1073/pnas.200346897.

-Dumbacher, John P.; Wako, Avit; Derrickson, Scott R.; Samuelson, Allan; Spande, Thomas F.; Daly, John W. (2004): Melyrid beetles (Choresine): a putative source for the batrachotoxin alkaloids found in poison-dart frogs and toxic passerine birds (101).

-Erkens, K.; Boecken, G. (2004): Gefahren durch Gifttiere - - Unfälle mit Giftschlangen. In: Anästhesiologie, Intensivmedizin, Notfallmedizin, Schmerztherapie : AINS 39 (10), S. 587–596. DOI: 10.1055/s-2004-825993.

-Fry, B. G.; Undheim, E. A. B.; Ali, S. A.; Jackson, T. N. W.; Debono, J.; Scheib, H. et al. (2013): Squeezers and Leaf-cutters: Differential Diversification and Degeneration of the Venom System in Toxicoferan Reptiles. In: Molecular & Cellular Proteomics 12 (7), S. 1881–1899. DOI: 10.1074/mcp.M112.023143.

-Fry, Bryan G.; Roelants, Kim; Champagne, Donald E.; Scheib, Holger; Tyndall, Joel D A; King, Glenn F. et al. (2009a): The toxicogenomic multiverse: convergent recruitment of proteins into animal venoms. In: Annual review of genomics and human genetics 10, S. 483–511. DOI: 10.1146/annurev.genom.9.081307.164356.

-Fry, Bryan G.; Wroe, Stephen; Teeuwisse, Wouter; van Osch, Matthias J P; Moreno, Karen; -Gamborgi, Geni Portela; Metcalf, Elena Brett; Barros, Elvino J. G. (2006): Acute renal failure provoked by toxin from caterpillars of the species Lonomia obliqua. In: Toxicon : official journal of the International Society on Toxinology 47 (1), S. 68–74. DOI: 10.1016/j.toxicon.2005.09.012.

-Gomez, Marcus V.; Kalapothakis, Evanguedes; Guatimosim, Cristina; Prado, Marco A. M. (2002): Phoneutria nigriventer Venom: A Cocktail of Toxins That Affect Ion Channels. In: Cellular and Molecular Neurobiology 22 (5/6), S. 579–588. DOI: 10.1023/A:1021836403433.

-Greig, Nigel H.; Lahiri, Debomoy K.; Sambamurti, Kumar (2002): Butyrylcholinesterase: an important new target in Alzheimer's disease therapy. In: International psychogeriatrics / IPA 14 Suppl 1, S. 77–91.

-Harsfalvi, J.; Stassen, J. M.; Hoylaerts, M. F.; van Houtte, E.; Sawyer, R. T.; Vermylen, J.; Deckmyn, H. (1995): Calin from Hirudo medicinalis, an inhibitor of von Willebrand factor binding to collagen under static and flow conditions. In: Blood 85 (3), S. 705–711.

-Inceoglu, Bora; Lango, Jozsef; Jing, Jie; Chen, Lili; Doymaz, Fuat; Pessah, Isaac N.; Hammock, Bruce D. (2003): One scorpion, two venoms: prevenom of Parabuthus transvaalicus acts as an alternative type of venom with distinct mechanism of action. In: Proceedings of the National Academy of Sciences of the United States of America 100 (3), S. 922–927. DOI: 10.1073/pnas.242735499.

-Ingle, Janette et al. (2009b): A central role for venom in predation by Varanus komodoensis (Komodo Dragon) and the extinct giant Varanus (Megalania) priscus. In: Proceedings of the National Academy of Sciences of the United States of America 106 (22), S. 8969–8974. DOI: 10.1073/pnas.0810883106.

-Isbister, Geoffrey K.; Seymour, Jamie E.; Gray, Michael R.; Raven, Robert J. (2003): Bites by spiders of the family Theraphosidae in humans and canines. In: Toxicon 41 (4), S. 519–524. DOI: 10.1016/S0041-0101(02)00395-1.

-Jouiaei, Mahdokht; Yanagihara, Angel A.; Madio, Bruno; Nevalainen, Timo J.; Alewood, Paul F.; Fry, Bryan G. (2015): Ancient Venom Systems: A Review on Cnidaria Toxins. In: Toxins 7 (6), S. 2251–2271. DOI: 10.3390/toxins7062251.

-Junghanss, Thomas; Bodio, Mauro (2006): Medically important venomous animals: biology, prevention, first aid, and clinical management. In: Clinical infectious diseases : an official publication of the Infectious Diseases Society of America 43 (10), S. 1309–1317. DOI: 10.1086/508279.

-Katoh, E.; Nishio, H.; Inui, T.; Nishiuchi, Y.; Kimura, T.; Sakakibara, S.; Yamazaki, T. (2000): Structural basis for the biological activity of dendrotoxin-I, a potent potassium channel blocker. In: Biopolymers 54 (1), S. 44–57. DOI: 10.1002/(SICI)1097-0282(200007)54:1<44::AID-BIP50>3.0.CO;2-Z.

-Kem, W. R.; Scott, Katherine N.; Duncan, J. H. (1976): Hoplonemertine worms—a new source of pyridine neurotoxins. In: Experientia 32 (6), S. 684–686. DOI: 10.1007/BF01919831.

-Kem, William R. (1988): Pyridine alkaloid distribution in

the hoplonemertines. In: Hydrobiologia 156 (1), S. 145–151. DOI: 10.1007/BF00027988.

-Koh, D C I; Armugam, A.; Jeyaseelan, K. (2006): Snake venom components and their applications in biomedicine. In: Cellular and molecular life sciences : CMLS 63 (24), S. 3030–3041. DOI: 10.1007/s00018-006-6315-0.

-Kordiš, Dušan; Gubenšek, Franc (2000): Adaptive evolution of animal toxin multigene families. In: Gene 261 (1), S. 43–52. DOI: 10.1016/S0378-1119(00)00490-X.

-le Du, M H; Marchot, P.; Bougis, P. E.; Fontecilla-Camps, J. C. (1992): 1.9-A resolution structure of fasciculin 1, an anti-acetylcholinesterase toxin from green mamba snake venom. In: The Journal of biological chemistry 267 (31), S. 22122–22130.

-Leite, Kátia R M; Andrade, Enrico; Ramos, Adriana T.; Magnoli, Fabio C.; Srougi, Miguel; Troncone, Lanfranco R P (2012): Phoneutria nigriventer spider toxin Tx2-6 causes priapism and death: a histopathological investigation in mice. In: Toxicon : official journal of the International Society on Toxinology 60 (5), S. 797–801. DOI: 10.1016/j.toxicon.2012.06.006.

-Leite, Katia R. M.; Andrade, Enrico; Ramos, Adriana T.; Magnoli, Fabio C.; Srougi, Miguel; Troncone, Lanfranco R. P. (2012): Phoneutria nigriventer spider toxin Tx2-6 causes priapism and death: a histopathological investigation in mice. In: Toxicon : official journal of the International Society on Toxinology 60 (5), S. 797–801. DOI: 10.1016/j.toxicon.2012.06.006.

-Lewis, David C.; Metallinos-Katzaras, Elizabeth; Grivetti, Louis E. (1987): Coturnism. Human Poisoning By European Migratory Quail. In: Journal of Cultural Geography 7 (2), S. 51–65. DOI: 10.1080/08873638709478507.

-Li, Min; Fry, B. G.; Kini, R. Manjunatha (2005): Eggs-only

diet: its implications for the toxin profile changes and ecology of the marbled sea snake (Aipysurus eydouxii). In: Journal of molecular evolution 60 (1), S. 81–89. DOI: 10.1007/s00239-004-0138-0.

-Ligabue-Braun, Rodrigo; Verli, Hugo; Carlini, Celia Regina (2012): Venomous mammals: a review. In: Toxicon : official journal of the International Society on Toxinology 59 (7-8), S. 680–695. DOI: 10.1016/j.toxicon.2012.02.012.

-Markland, Francis S. (1998): Snake venoms and the hemostatic system. In: Toxicon 36 (12), S. 1749–1800. DOI: 10.1016/S0041-0101(98)00126-3.

-Markwardt, Fritz (1970): [69] Hirudin as an inhibitor of thrombin. In: Proteolytic Enzymes, Bd. 19: Elsevier (Methods in Enzymology), S. 924–932.

-Matsui, Taei; Hamako, Jiharu; Titani, Koiti (2010): Structure and function of snake venom proteins affecting platelet plug formation. In: Toxins 2 (1), S. 10–23. DOI: 10.3390/toxins2010010.

-Mebs, Dietrich (2010): Gifttiere. Ein Handbuch für Biologen, Toxikologen, Ärzte und Apotheker. 3., neu bearb. und erw. Aufl. Stuttgart: Wiss. Verl.-Ges.

-Mebs, Dietrich (2014): Heilende Gifte. Toxische Naturstoffe als Arzneimittel. 1. Aufl. Stuttgart: Wissenschaftliche Verlagsgesellschaft.

-Nekaris, K. Anne-Isola; Moore, Richard S.; Rode, E. Johanna; Fry, Bryan G. (2013): Mad, bad and dangerous to know: the biochemistry, ecology and evolution of slow loris venom. In: The journal of venomous animals and toxins including tropical diseases 19 (1), S. 21. DOI: 10.1186/1678-9199-19-21.

-Ohman, E. M.; Kleiman, N. S.; Gacioch, G.; Worley, S. J.; Navetta, F. I.; Talley, J. D. et al. (1997): Combined Accelerated Tissue-Plasminogen Activator and Platelet Glycoprotein IIb/IIIa Integrin Receptor Blockade With

Integrilin in Acute Myocardial Infarction: Results of a Randomized, Placebo-Controlled, Dose-Ranging Trial. In: Circulation 95 (4), S. 846–854. DOI: 10.1161/01.CIR.95.4.846.
-Olivera, B. M.; Rivier, J.; Clark, C.; Ramilo, C. A.; Corpuz, G. P.; Abogadie, F. C. et al. (1990): Diversity of Conus neuropeptides. In: Science (New York, N.Y.) 249 (4966), S. 257–263.
-Orevi, Miriam; Eldor, Amiram; Giguzin, Ida; Rigbi, Meir (2000): Jaw anatomy of the blood-sucking leeches, Hirudinea Limnatis nilotica and Hirudo medicinalis, and its relationship to their feeding habits. In: J Zoology 250 (1), S. 121–127. DOI: 10.1111/j.1469-7998.2000.tb00583.x.
-Orsolic, Nada (2012): Bee venom in cancer therapy. In: Cancer metastasis reviews 31 (1-2), S. 173–194. DOI: 10.1007/s10555-011-9339-3.
-Proteolytic Enzymes (1970): Elsevier (Methods in Enzymology).
-Ritson-Williams, Raphael; Yotsu-Yamashita, Mari; Paul, Valerie J. (2006): Ecological functions of tetrodotoxin in a deadly polyclad flatworm. In: Proceedings of the National Academy of Sciences of the United States of America 103 (9), S. 3176–3179. DOI: 10.1073/pnas.0506093103.
-Rode-Margono, E. Johanna; Rademaker, M.; Wirdateti; Strijkstra, A.; Nekaris, K.A.I. (2014): Noxious arthropods as potential prey of the venomous Javan slow loris (Nycticebus javanicus) in a West Javan volcanic agricultural system. In: Journal of Natural History 49 (31-32), S. 1949–1959. DOI: 10.1080/00222933.2015.1006282.
-Rosenberg, Jörg; Voigtländer, Karin; Hilken, Gero (2009): Die Hundertfüßer. Chilopoda. 1. Aufl. Hohenwarsleben: Westarp Wissenschaften (Die neue Brehm-Bücherei, 285).
-Sánchez-Rodríguez, J.; Torrens, E.; Segura-Puertas, L.

(2006): Partial purification and characterization of a novel neurotoxin and three cytolysins from box jellyfish (Carybdea marsupialis) nematocyst venom. In: Archives of toxicology 80 (3), S. 163–168. DOI: 10.1007/s00204-005-0023-7.

-Schmidt, Günter (1993): Giftige und gefährliche Spinnentiere. Humanpathogene Skorpione (Scorpionida), Milben (Acarina) und Spinnen (Araneida). Magdeburg, Essen: Westarp Wissenschaften (Die Neue Brehm-Bücherei, Bd. 608).

-Szaniawski, Hubert (2009): The Earliest Known Venomous Animals Recognized Among Conodonts. In: Acta Palaeontologica Polonica 54 (4), S. 669–676. DOI: 10.4202/app.2009.0045.

-Tamkun, M. M.; Hessinger, D. A. (1981): Isolation and partial characterization of a hemolytic and toxic protein from the nematocyst venom of the Portuguese Man-of-War, Physalia physalis. In: Biochimica et biophysica acta 667 (1), S. 87–98.

-THUESEN, ERIK V.; KOGURE, KAZUHIRO (1989): Bacterial Production of Tetrodotoxin in Four Species of Chaetognatha. In: The Biological Bulletin 176 (2), S. 191–194. DOI: 10.2307/1541587.

-THUESEN, ERIK V.; KOGURE, KAZUHIRO; Hashimoto, Kanehisa; Nemoto, Takahisa (1988): Poison arrowworms: A tetrodotoxin venom in the marine phylum Chaetognatha. In: Journal of Experimental Marine Biology and Ecology 116 (3), S. 249–256. DOI: 10.1016/0022-0981(88)90030-5.

-von Reumont, Bjoern Marcus; Campbell, Lahcen I.; Jenner, Ronald A. (2014): Quo vadis venomics? A roadmap to neglected venomous invertebrates. In: Toxins 6 (12), S. 3488–3551. DOI: 10.3390/toxins6123488.

-Westheide, Wilfried; Rieger, Gunde (2010): Spezielle Zoologie. Teil 2: Wirbel- oder Schädeltiere. Heidelberg:

Spektrum Akademischer Verlag. Online verfügbar unter http://dx.doi.org/10.1007/978-3-8274-2220-0.

-Wong, Emily S W; Belov, Katherine (2012): Venom evolution through gene duplications. In: Gene 496 (1), S. 1–7. DOI: 10.1016/j.gene.2012.01.009.

DANKSAGUNG

Bedanken möchte ich mich in erster Linie bei meiner Familie, die mich immer unterstützt hat. Zudem bedanke ich mich bei Julia Belli und Fabian Mast für das Lektorat meines Buches.